3-4 ans
De la PS à la MS

Michèle LECREUX

avec

Loïc AUDRAIN
Pascal GUICHARD
Sandra LEBRUN

C'est le programme que nous vous proposons.

Cet ouvrage est conçu pour les enfants qui vont entrer en moyenne section.

Il présente, sous forme de jeux, un programme de révision des notions acquises en petite section.

Les mécanismes des jeux, les illustrations… tout est fait pour que votre enfant se trouve dans un univers rassurant et ludique mais le contenu, le niveau de difficulté des exercices, la part prépondérante donnée au dessin lui assurent un véritable entraînement aux exercices de graphisme qu'il découvrira en moyenne section.

En haut de chaque page, le titre de rubrique vous signale quel type de compétence l'exercice mobilise.

Sur les pages d'exercices, vous trouverez trois sortes de textes :

• des textes imprimés en couleur qui sont une petite histoire à lire à votre enfant pour créer l'univers dans lequel le jeu se déroule ;

• des textes imprimés en noir imitant l'écriture manuscrite qui donnent la consigne à respecter ;

 une petite note de bas de page qui, sur certains jeux, vous propose un conseil pédagogique qui peut vous aider à mieux présenter l'activité à votre enfant.

En fin d'ouvrage, vous trouverez les solutions des quelques jeux qui le nécessitent.

Maquette de couverture : Laurent Carré
Maquette intérieure : Pascal Guichard et Jean-Marc Richard
Illustration de couverture : Alain Boyer
Illustrations de l'intérieur : Frédéric Joos

© HACHETTE LIVRE 2016 - 58, rue Jean Bleuzen CS70007 92178 Vanves Cedex
I.S.B.N. : 978-2-01-395032-9

www.hachette-education.com

Tous droits de traduction, de reproduction et d'adaptation réservés pour tous pays.

EN PISTE !

Histoire

Sur la piste, Paco le clown essaye de jongler, mais... pim ! pam ! poum !
Les balles multicolores tombent par terre et rebondissent.
Accrochée à son trapèze, Fifi se balance et les rattrape au vol. Bravo !
Le public applaudit, le spectacle est réussi.

Colorie les balles de toutes les couleurs.

 Votre enfant est encore malhabile avec un crayon. Conseillez-lui de colorier doucement pour essayer de dépasser le moins possible des contours.

LES TAILLES

Colorie la queue la plus longue en rouge, la queue de taille moyenne en jaune et la queue la plus courte en bleu.

Classement

Vocabulaire

LES SENTIMENTS

Entoure en rouge les clowns joyeux et en vert les clowns tristes.

Faites remarquer à votre enfant le dessin des bouches des clowns et les mouvements de leurs bras, vous pouvez même lui demander de mimer les sentiments de joie et de tristesse.

LE MAGICIEN

Écoute bien l'aventure du Grand Magicien et complète-la en collant sur les images les dessins qui manquent.

Le Grand Magicien prononce une formule magique et hop ! un bouquet sort de sa manche !

Il dit abracadabra et hop ! une nouvelle colombe apparaît et s'envole au-dessus des têtes des enfants !

Lecture

Découpe ces images puis colle-les au bon endroit.

Lecture

LE MAGICIEN

Découpe ces petites images puis colle-les au bon endroit.

Le magicien tapote alors son chapeau avec sa baguette magique et *trois mignons petits lapins* apparaissent.

Pour les remercier, le Grand Magicien leur offre aussitôt *trois délicieuses carottes*.
Et tous les enfants applaudissent.

AU CIRQUE

Nombres

Colorie avec la couleur de ton choix un lapin, une fleur, un enfant et aussi le grand manteau du magicien.

Ces jeux ont pour but de faire découvrir progressivement à vos enfants les petits nombres en commençant par le premier : le 1.

Classement

MOINS ET PLUS

Barre la pile d'assiettes où il y a le moins d'assiettes.

Comparer des quantités, c'est déjà apprendre à compter.

DEVINETTE

Logique

Montre le personnage qui est décrit par chaque phrase.

J'ai un nez rouge et je fais des grimaces.
J'ai un chapeau vert et un grand fouet.
J'ai un tutu bleu et une couronne.

 Lisez d'abord les trois phrases puis relisez-les une par une en laissant le temps à votre enfant de trouver à qui elle correspond.

Graphisme

LA MÉNAGERIE

Complète le dessin en repassant sur les pointillés.

Finis de colorier tous les drapeaux.

Graphisme

Dessin

COLORIAGE

Colorie cette otarie avec tes crayons de couleur.

Laissez votre enfant choisir les couleurs qu'il préfère pour ce dessin.

MES JOUETS

Avec sa télécommande, Théo dirige son petit robot. Bi-bip ! il tourne à droite, bi-bip ! il tourne à gauche... Attention ! La corde à sauter s'emmêle autour des roues. Le robot bascule en avant et pouf ! atterrit délicatement dans les bras d'une poupée.

Colorie le robot et sa télécommande avec tes crayons de couleur.

Activité

COLLAGE

Dans un catalogue, découpe les photos de tes jouets préférés et colle-les dans la salle de jeu.

HAUT ET BAS

Colorie le jouet qui est tout en haut de l'étagère en rouge, celui qui est au milieu en jaune et celui qui est tout en bas en bleu.

Classement

Classement

DEVANT - DERRIÈRE

Colorie en vert les cheveux de la poupée et le toit du camion qui sont devant le coffre et en rouge les cheveux de la poupée et le toit du camion qui sont derrière le coffre.

À LA PLAGE

Lecture

Écoute bien l'histoire de Lucas et complète-la en collant sur les images les dessins qui manquent.

Lucas est en maillot de bain pour aller se baigner. Papa cherche sa casquette pour se protéger du soleil.

Équipé de sa bouée, Lucas peut aller au bord de l'eau. Il prend son seau, sa pelle et fait rouler son ballon jusqu'aux rochers.

Découpe ces images puis colle-les au bon endroit.

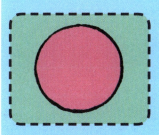

Lecture

À LA PLAGE

Découpe ces images puis colle-les au bon endroit.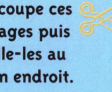

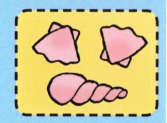

Lucas construit un château de sable et ramasse quelques coquillages pour finir de le décorer.

Et quand il veut ramasser son ballon pour jouer avec son papa, le ballon se met à rouler ! Un petit crabe était caché dessous !

LE CHÂTEAU

Nombres

Colorie en bleu un nuage et un oiseau et colorie en rouge deux seaux et deux crabes.

 Lisez plusieurs fois la consigne à votre enfant. Il doit comprendre qu'il ne doit pas colorier tous les éléments signalés mais seulement un ou deux d'entre eux.

Classement

MOINS ET PLUS

Colorie le pot qui contient le plus de crayons et entoure celui qui en contient le moins.

Ce genre d'exercice permet de familiariser votre enfant avec les notions de quantité.

LES DRAGONS

Colorie en vert le dragon qui a des taches rondes et en rouge le dragon qui a des taches en forme de triangle.

Formes

 Profitez de ce jeu pour demander à votre enfant de décrire précisément le dessin. Ce sera un exercice utile pour développer son vocabulaire.

LE JARDIN

Complète le dessin en repassant sur les pointillés.

Finis de colorier les oiseaux.

Graphisme

Graphisme

LES CARRÉS

Repasse sur les pointillés.

Et, maintenant, dessine ici un grand carré.

Faites remarquer à votre enfant qu'il est en train d'apprendre à tracer des lignes droites. Il sera très fier de réaliser un travail de grand !

DEVINETTE

Montre le jouet qui est décrit par chaque phrase.

Je suis creux et on peut me remplir de sable.
J'ai quatre dents et je gratte le sable.
Je creuse des tunnels dans le sable.

 Lisez d'abord les trois phrases puis relisez-les une par une en laissant le temps à votre enfant de trouver à quoi elle correspond.

Dessin

COLORIAGE

Colorie cette toupie avec tes crayons de couleur.

 Laissez votre enfant choisir les couleurs qu'il préfère.

AU ZOO

Histoire

Adèle visite le zoo pour la première fois. Les singes sautent de branche en branche et font des cabrioles. Adèle sourit, ils sont vraiment très rigolos :
« Tenez, voici des cacahuètes pour vous récompenser ! »
Tout content, un singe lui fait une grimace.

Colorie en rouge le singe qui fait une grimace et les deux autres en bleu.

LA GIRAFE

Colorie en vert les cubes de foin que la girafe peut manger et en rouge les boules qui la rendraient malade.

DANS L'ORDRE

Colorie l'animal le plus grand en rouge, l'animal de taille moyenne en jaune et l'animal le plus petit en bleu.

Classement

Si votre enfant hésite entre le perroquet et le zèbre, aidez-le à comparer leur taille.

Vocabulaire

DEDANS - DEHORS

Colorie en rouge les animaux qui sont dans les cages et en bleu ceux qui sont dehors.

 Aidez votre enfant à repérer la situation sur l'exemple des oiseaux, puis laissez-le se débrouiller tout seul avec les autres animaux.

POP-CORN

Écoute bien l'histoire de Julie et complète-la en collant sur les images les dessins qui manquent.

Maman achète du pop-corn pour les animaux du zoo. Julie observe les flamants roses et les perroquets.

Juste en face, il y a les girafes. Julie s'approche d'un banc près de la clôture et, aussitôt, toutes les girafes arrivent. Elles ont vu le paquet de pop-corn !

Lecture

Découpe ces images puis colle-les au bon endroit.

Lecture

POP-CORN

Découpe bien les petites images en suivant les pointillés.

Une girafe penche son long cou. Julie monte sur le banc et tend le bras, mais elle est encore trop petite. Sa maman la soulève pour la rapprocher.

Maintenant Julie est près de la girafe. Elle prend une poignée de pop-corn et la girafe attrape le bonnet en laine de maman !

MIAM !

Colorie seulement les animaux que tu vois deux fois dans cette scène.

Lisez plusieurs fois la consigne à votre enfant. Il doit comprendre qu'avant de colorier, il doit repérer les animaux représentés deux fois.

Nombres

Classement

MOINS ET PLUS

Entoure le guépard qui a le moins de taches.

Comparer des quantités, c'est déjà apprendre à compter.

DEVINETTE

Montre l'animal qui est décrit par chaque phrase.

Je suis rayé et je mange de l'herbe.
Je suis tacheté et je mange de la viande.
Je n'ai ni tache ni rayure : je suis tout uni.

Logique

 Lisez d'abord les trois phrases puis relisez-les une par une en laissant le temps à votre enfant de trouver à qui elle correspond.

Graphisme

LES ANIMAUX DU ZOO

Complète le dessin en repassant sur les pointillés.

Finis de colorier les buissons.

Graphisme

Dessin

COLORIAGE

Colorie cette girafe avec tes crayons de couleur.

 Si votre enfant en a envie, proposez-lui de dessiner un arbre à côté de la girafe pour qu'elle puisse manger ses feuilles.

EN FAMILLE

Histoire

**Florian fait un puzzle avec son papy. Ils ont presque fini, mais il manque une pièce. Ils cherchent sous les chaises, mais ne la voient pas.
Le chat miaule. « Bravo Fripon, tu as retrouvé la pièce ! »
Elle était cachée sous la patte du chat.**

Colorie tout le puzzle sans oublier la pièce qui est sous la patte du chat.

Activité

COLLAGE

Rassemble des photos de ta famille et colle-les dans les cadres.

DANS L'ORDRE

Vocabulaire

Colorie en rouge le pantalon du personnage le plus âgé, en bleu le pantalon du plus jeune, en noir toutes les chaussures et en jaune la cravate de papy. Puis colorie tous les autres vêtements comme tu en as envie.

 Profitez de cet exercice pour demander à votre enfant de nommer tous les vêtements représentés sur le dessin.

Observation

DE FACE - DE DOS

Relie d'un trait les deux dessins qui représentent le même personnage vu de face ou de dos.

> Aidez votre enfant à repérer la situation sur l'exemple des chats, puis laissez-le se débrouiller tout seul avec les enfants.

BIENTÔT NOËL

Écoute bien l'histoire de Lisa et d'Alice et complète-la en collant sur les images les dessins qui manquent.

C'est bientôt Noël ! Papa a apporté un grand sapin vert. Lisa ouvre la boîte de décorations de Noël pendant qu'Alice place les guirlandes sur les branches.

Maman monte sur une chaise pour fixer une étoile brillante tout en haut du sapin.

Lecture

Découpe ces images puis colle-les au bon endroit.

Lecture

BIENTÔT NOËL

Découpe ces petites images puis colle-les au bon endroit.

Les deux sœurs admirent les boules multicolores, accrochent encore une cloche, un renne et posent un bonhomme de neige devant le sapin.

Toute la famille place ses chaussons au pied du sapin et chacun attend le cadeau que le père Noël va lui apporter.

LES CADEAUX

Colorie un paquet en jaune, deux paquets en rouge et trois paquets en bleu sous le sapin.

Classement

MOINS ET PLUS

Entoure l'armoire qui contient le plus de vêtements.

LES CUBES

Colorie en jaune tous les cubes qui sont décorés d'une étoile et en bleu les cubes qui sont décorés d'un carré.

Formes

Profitez de ce jeu pour demander à votre enfant de décrire précisément le dessin. Ce sera un exercice utile pour développer son vocabulaire.

Graphisme

LA SALLE DE JEUX

Complète le dessin en repassant sur les pointillés.

Finis de colorier les traces des pattes du chien sur le tapis.

Graphisme

Graphisme

LES TRIANGLES

Repasse sur les pointillés.

Et, maintenant, dessine ici un grand triangle.

Faites remarquer à votre enfant qu'il est en train d'apprendre à tracer des lignes droites. Il sera très fier de réaliser un travail de grand !

DEVINETTE

Montre l'objet qui est décrit par chaque phrase.

**Je suis doux et on pose sa tête sur moi pour dormir.
Je suis dure et on s'assoit sur moi pour manger.
Je suis confortable et on peut s'allonger sur moi.**

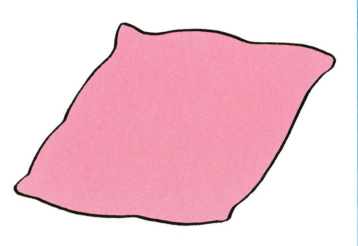

 Lisez d'abord les trois phrases puis relisez-les une par une en laissant le temps à votre enfant de trouver à quoi elles correspondent.

Logique

À LA FERME

Histoire

Marilou ouvre le clapier pour donner des carottes à Justin le lapin. Oh ! Il en a profité pour sortir se promener. Marilou n'arrive pas à le rattraper. Mais voilà le chien du fermier qui arrive et, aussitôt, hop ! le lapin coquin rentre chez lui.

Colorie le ciel en bleu clair et le panier de Marilou en bleu foncé, puis colorie le chien et le lapin comme tu en as envie.

Clair et foncé sont encore des notions difficiles pour votre enfant. Montrez-lui des exemples de couleurs.

Observation

DIFFÉRENCES

Regarde ces deux petits cochons et trouve les trois détails qui les différencient.

 Profitez de ce jeu pour demander à votre enfant de décrire précisément les différentes parties du corps de l'animal. Ce sera un exercice utile pour développer son vocabulaire.

GROS - MAIGRE

Colorie en bleu l'animal le plus gros et en rouge le plus maigre puis colorie le troisième dindon en jaune.

Pour que votre enfant visualise la couleur qui correspond à chaque taille, montez-lui les ovales avec les couleurs correspondantes.

Activité

COLLAGE

Découpe du papier vert en petits morceaux et colle-le sur la page pour représenter l'herbe que vont manger les poulains.

LE POTAGER

Lecture

Écoute bien l'aventure de Martin et complète-la en collant sur les images les dessins qui manquent.

Découpe ces images puis colle-les au bon endroit.

Martin et sa mamie vont cueillir des tomates dans le potager. Martin porte le panier, il est tout léger.

Pendant que mamie ramasse les tomates, Martin déguste des fraises toutes sucrées. Elles sont si délicieuses !

Lecture

LE POTAGER

Découpe ces petites images puis colle-les au bon endroit.

Mamie a fini sa récolte. Elle a pris des tomates, une salade avec un escargot et deux concombres. Le panier est maintenant bien rempli.

Martin voudrait bien le porter, mais le panier est beaucoup trop lourd ! Ce n'est pas grave, c'est lui qui montrera l'escargot à son papy.

LES PANIERS

Mamie et Martin ont besoin de trois paniers mais ils n'en ont qu'un. Colorie deux autres paniers pour les aider.

Classement

MOINS ET PLUS

Entoure en rouge le nid où tu vois le plus d'œufs et en bleu celui où tu ne vois qu'un seul œuf.

 Même sans savoir compter, les enfants peuvent concevoir la notion de *plus* et *moins* : c'est une bonne préparation à l'acquisition des nombres.

DEVINETTE

Logique

Montre l'animal qui est décrit par chaque phrase.

Je ponds des œufs et j'ai des plumes.
Je mange des carottes et j'ai des poils.
J'ai une petite queue en tire-bouchon.

 Lisez d'abord les trois phrases puis relisez-les une par une en laissant le temps à votre enfant de trouver à qui elles correspondent.

Graphisme

DANS LA PRAIRIE

Complète le dessin en repassant sur les pointillés.

Finis de colorier les fleurs.

Graphisme

Dessin

COLORIAGE

Colorie ce canard avec tes crayons de couleur puis dessine un autre canard.

LA CUISINE

Histoire

Antonin et sa maman préparent un gâteau dans un saladier.
Maintenant que la pâte est bien mélangée, il faut la verser dans le moule.
Maman place celui-ci dans le four et prend le saladier pour le laver.
« Non, non, dit Antonin, je n'ai pas fini de le lécher ! » Quel gourmand !

Colorie le four et les habits de la maman.

Activité

COLLAGE

Découpe les emballages de tes gâteaux préférés et colle-les sur ces étagères.

VIDE - PLEIN

Vocabulaire

Entoure le récipient vide en rouge, le récipient plein en bleu et le troisième en jaune.

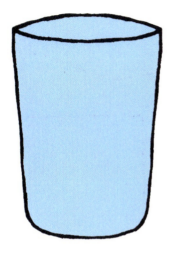

 Montrez d'abord à votre enfant les modèles de bouteilles vides et pleines.

Vocabulaire

DESSUS - DESSOUS

Entoure en rouge les animaux qui sont assis sur un meuble et en bleu ceux qui sont cachés sous un meuble, puis dessine un chat sur la table.

 Montrez d'abord à votre enfant le fromage sur l'assiette puis le fromage sous l'assiette.

LA BONNE SOUPE

Écoute bien l'aventure de Julien et complète-la en collant, sur les images, les dessins qui manquent.

Lecture

Découpe ces images puis colle-les au bon endroit.

Pour préparer une bonne soupe, il faut : des pommes de terre, des carottes et des poireaux. Papa a tout épluché et Julien a tout lavé sous l'eau du robinet.

Maintenant il faut mettre les légumes à cuire. C'est Julien qui surveille les aiguilles de l'horloge.

Lecture

LA BONNE SOUPE

Découpe ces petites images puis colle-les au bon endroit.

Il est temps de mixer la soupe. Brrrrrrrr ! Brrrrrrr ! Quel vacarme ! Pendant ce temps, Julien met la table ; il porte les assiettes.

Il place un verre pour chacun et pose le pain sur la nappe. Papa apporte la soupière toute fumante : à table, c'est l'heure de manger !

À TABLE !

Colorie deux assiettes et trois verres.

Classement

MOINS ET PLUS

Entoure le groupe où les cerises sont les moins nombreuses.

 Même sans savoir compter, les enfants peuvent concevoir la notion de *plus* et *moins* : c'est une bonne préparation à l'acquisition des nombres.

Graphisme

PETIT DÉJEUNER

Complète le dessin en repassant sur les pointillés.

Finis de colorier la nappe du petit déjeuner.

Dessine des céréales rondes dans le bol.

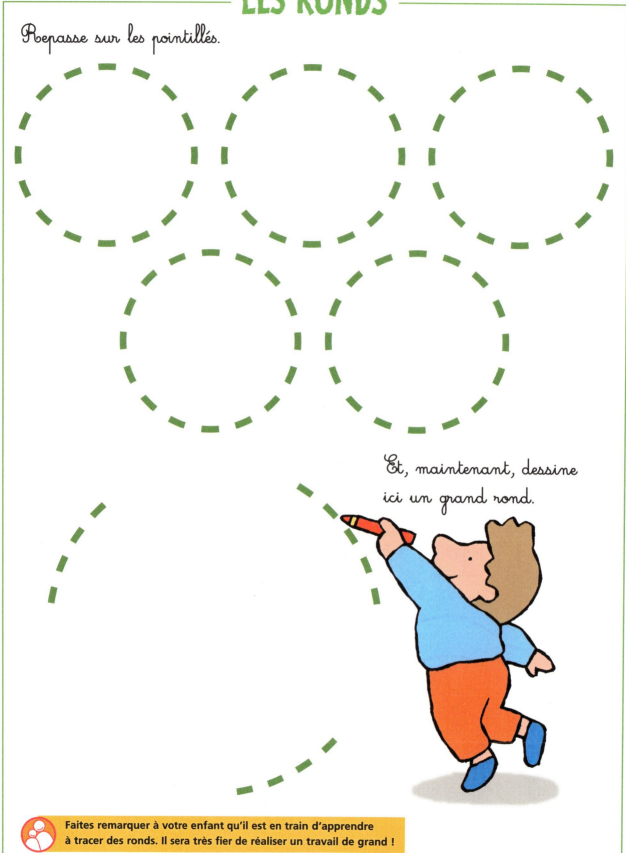

DEVINETTE

Logique

Montre le couvert qui est décrit par chaque phrase.

Je suis long et je coupe la viande.
J'ai des dents et je pique les légumes.
Je suis creuse et je suis pratique pour manger la soupe.

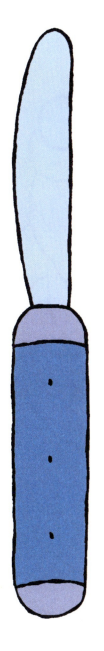

 Lisez d'abord les trois phrases puis relisez-les une par une en laissant le temps à votre enfant de trouver à quoi elles correspondent.

Dessin

COLORIAGE

Colorie ce gâteau avec tes crayons de couleur.

EN VILLE

Histoire

À côté de l'école, il y a une boulangerie. Le soir, quand Lisa et son papa rentrent à la maison, ils traversent la rue et vont chercher un goûter.
Le feu est rouge : « On peut y aller », annonce Papa.
La boulangère connaît bien Lisa : elle l'attend avec son croissant.

Colorie les habits de la boulangère et du motard.

Observation

DIFFÉRENCES

Regarde ces deux autobus et trouve les trois détails qui les différencient.

LOIN - PRÈS

Classement

Colorie en rouge la voiture qui est le plus loin et en bleu celle qui est le plus près, puis colorie la voiture restée blanche de la couleur que tu préfères.

Profitez de cet exercice pour montrer sur le dessin qu'un objet éloigné est plus petit qu'un objet proche.

Vocabulaire

LE JOUR - LA NUIT

Colorie en rouge la couette de la petite fille qui se réveille le matin puis montre sur les dessins la veilleuse allumée et celle qui est éteinte, les rideaux fermés et ceux qui sont ouverts.

Enfin, dans ce cadre, dessine la peluche avec laquelle tu préfères dormir.

LES MARIONNETTES

Écoute bien l'histoire des marionnettes et complète-la en collant sur les images les dessins qui manquent.

Lecture

Découpe ces images puis colle-les au bon endroit.

Léo est tout content : il va voir un spectacle de marionnettes avec sa classe. Tous les élèves se préparent et prennent *leurs manteaux*.

Dans la rue, Léo et ses camarades attendent avec la maîtresse devant le passage pour piétons. *Les voitures* s'arrêtent et la classe peut traverser.

Lecture

LES MARIONNETTES

Découpe ces petites images puis colle-les au bon endroit.

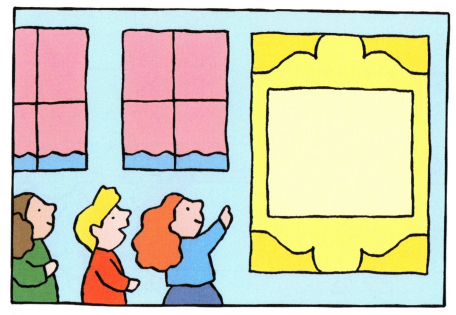

Le théâtre est juste en face. En faisant la queue, Léo observe l'affiche du spectacle.
Il y a un poisson qui nage.

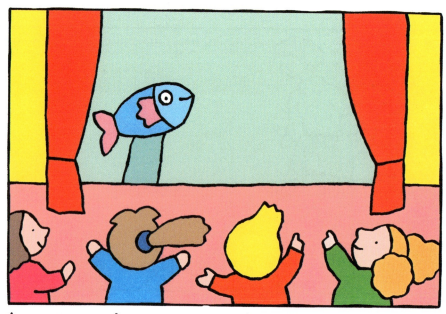

Assis devant les marionnettes, les enfants rient en regardant le poisson danser avec la tortue.
Léo applaudit, c'est son premier spectacle.

LES POISSONS

Nombres

Colorie deux poissons en bleu et trois en rouge.

— 87 —

Classement

MOINS ET PLUS

Colorie l'immeuble qui a le plus de fenêtres, puis dessine un joli tapis sous les pieds de la petite fille.

DEVINETTE

Logique

Montre le véhicule qui est décrit par chaque phrase.

**J'ai deux roues et je peux transporter deux personnes.
J'ai quatre roues et je peux transporter toute la famille.
J'ai six roues et je peux transporter de nombreux voyageurs.**

Graphisme

LA RENTRÉE

Complète le dessin en repassant sur les pointillés.

Finis de colorier les panneaux.

Graphisme

Dessin

AU REVOIR !

Avant de nous quitter, colorie cette voiture de la couleur que tu préfères et dessine un soleil jaune dans le ciel au-dessus d'elle.

SOLUTIONS

Page 4
LES TRACES

Page 5
LES TAILLES

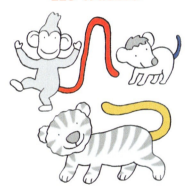

Page 6
LES SENTIMENTS

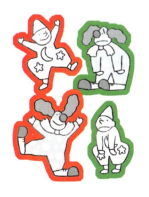

Page 9
AU CIRQUE

Page 10
MOINS ET PLUS

Page 17
HAUT ET BAS

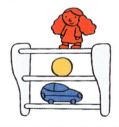

Page 18
DEVANT-DERRIÈRE

Page 21
LE CHÂTEAU

Page 22
MOINS ET PLUS

Page 23
LES DRAGONS

Page 29
AU ZOO
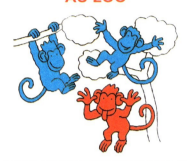

Page 30
LA GIRAFE

Page 31
DANS L'ORDRE

Page 32
DEDANS-DEHORS

Page 35
MIAM !

Page 36
MOINS ET PLUS

Page 43
DANS L'ORDRE

Page 44
DE FACE-DE DOS

Page 47
LES CADEAUX

Page 48
MOINS ET PLUS
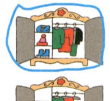

Page 49
LES CUBES

Page 56
DIFFÉRENCES

Page 57
GROS-MAIGRE

Page 61
LES PANIERS

Page 62
MOINS ET PLUS
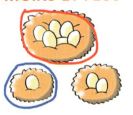

Page 69
VIDE-PLEIN

Page 70
DESSUS-DESSOUS

Page 73
À TABLE !

Page 74
MOINS ET PLUS

Page 75
LA NAPPE
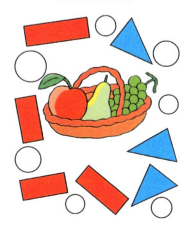

Page 82
DIFFÉRENCES

Page 83
LOIN-PRÈS

Page 87
LES POISSONS

Page 88
MOINS ET PLUS

Bonne rentrée !